Género Texto expositivo

I0794280

Pregunta esencial

¿En qué forma afectan los acontecimientos naturales y las actividades humanas al medioambiente?

KEN BENN

Introducción

Las Grandes Llanuras de América del Norte, también conocidas como las Praderas, abarcan un área de más de medio millón de millas cuadradas. Esta inmensa región de pastizales va más allá de la frontera de Estados Unidos con Canadá en el norte. En el sur, se extiende por Texas hasta cruzar México. Las montañas Rocosas forman una frontera nítida en el oeste. Aunque la frontera en el este está menos definida, la mayoría de las personas dicen que los ríos Missouri, Arkansas y Mississippi forman un buen límite en este costado.

LAS GRANDES LLANURAS

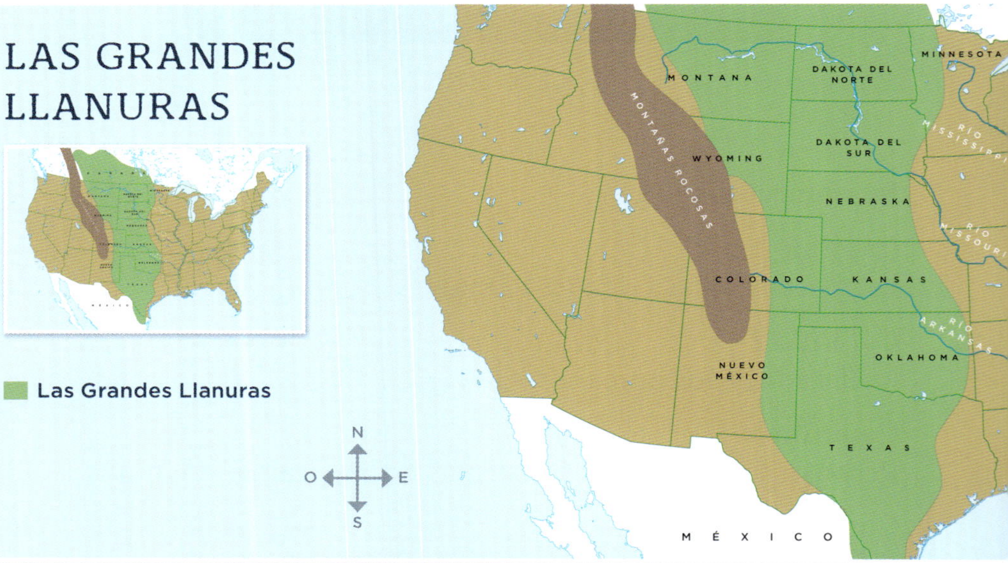

Los científicos creen que estas inmensas praderas estuvieron bajo el agua. El continente americano empezó a elevarse hace cerca de 70 millones de años. Las Grandes Llanuras desarrollaron una diversa gama de ecosistemas cuando el agua desapareció de la tierra. Muchas **especies** diferentes de plantas y animales prosperaron en estos ecosistemas.

Durante años los científicos han recolectado una gama de fósiles y evidencia geológica de las Grandes Llanuras. Esta evidencia sugiere que la región ha experimentado cambios que se han extendido en diversa medida a todos sus ecosistemas.

Muchos eventos naturales, como sequías, ventiscas e incendios han puesto repetidamente a prueba a los ecosistemas. Después llegaron los colonos europeos y la **ecología** de las Grandes Llanuras tuvo que enfrentar otra serie de amenazas.

Los primeros colonos transformaron grandes áreas de pasto de pradera para sus propósitos agrícolas. Necesitaban tierra para pastorear sus reses y ovejas, y plantaron trigo y otros cultivos, incluyendo sorgo, algodón y lino. Los colonos también cazaron algunas especies de animales hasta prácticamente extinguirlas.

Muchos **conservacionistas** y agencias gubernamentales quisieran restaurar la ecología de las Grandes Llanuras. Sin embargo, no es una tarea sencilla. El primer paso de su exitosa restauración es entender los procesos naturales de esta área única.

Las Grandes Llanuras se extienden en inmensas áreas de diez estados.

CAPÍTULO 1

Formación de las Grandes Llanuras

Los científicos creen que hace 70 millones de años mares poco profundos cubrían la mayor parte de las Grandes Llanuras. En el lecho marino se formaron gruesas capas de sedimento enriquecido. Después, las fuerzas subterráneas hicieron que la tierra se elevara lentamente y que las aguas se retiraran. Así, se elevaron las montañas Rocosas y aparecieron los volcanes.

Muchas fuerzas geológicas continuaron formando este nuevo terreno. Los arroyos transportaron sedimento de los volcanes y de las montañas Rocosas hacia las llanuras. Montículos de roca y tierra se acumularon y los arroyos y ríos tuvieron que encontrar nuevos caminos para llegar a los océanos. Algunas veces el agua impactó las rocas, abriendo cañones y desgastando colinas.

Esculturas de sesenta pies de alto de los rostros de los presidentes George Washington, Thomas Jefferson, Theodoro Roosevelt y Abraham Lincoln están talladas en el Monte Rushmore en los montes Black Hills.

El clima y otras fuerzas naturales formaron las Grandes Llanuras con diferentes accidentes geográficos. Por ejemplo, los montes Black Hills son diferentes de las Llanuras altas, y estas son muy diferentes del Cañón Caprock. Diversos ecosistemas se desarrollaron en cada área, y el efecto fue una gran **biodiversidad** en las Grandes Llanuras.

Hace siglos, la región tenía muchos lagos de agua dulce que hacían de las Grandes Llanuras el hogar ideal para numerosos animales grandes, o megafauna. Algunos de estos incluían el mamut, una especie de camello, la llama de cabeza grande, una antigua especie de bisonte y el depredador gigante, el oso de cara corta. En la actualidad, miles de años después, todos esos animales están **extintos** y una amplia variedad de nuevas especies habitan en las Grandes Llanuras.

LOS MONTES BLACK HILLS

Se localizan entre el sudoeste de Dakota del Sur y el nordeste de Wyoming. En su parte central, los picos se elevan entre 3,000 y 4,000 pies, por encima de las planicies circundantes.

Una gran presión subterránea elevó el área. Después el sedimento superficial suave se erosionó y expuso la dura roca metamórfica.

De 1927 a 1941, un grupo de artistas, bajo la dirección de Gutzon Borglum, esculpió los rostros de cuatro presidentes de Estados Unidos en el Monumento Nacional del Monte Rushmore en los montes Black Hills. Millones de personas de todo el mundo visitan el monumento cada año.

Los científicos han estudiado los registros geológicos y muestran que las Grandes Llanuras han experimentado cambios profundos en el clima a través del tiempo. Había más lluvia durante la Edad de Hielo y la temperatura general era más fría. La diferencia de temperatura entre el verano y el invierno no era tan amplia como hoy en día. El agua abundante contribuía con las condiciones ideales para que los exuberantes bosques de pino, roble y enebro cubrieran gran parte de la región.

Al final de la Era de Hielo, el clima cambió. Las Grandes Llanuras se volvieron más calientes y las cimas nevadas desaparecieron. Sin hielo, el área necesitaba ahora que los vientos del este trajeran la humedad del océano Pacífico. Pero las Rocosas actuaron como barrera, evitando que la humedad cruzara hacia las llanuras, y la región comenzó a secarse.

La vegetación de la región cambió de bosques a praderas más resistentes. Muchos animales grandes, como el mamut, no pudieron adaptarse al cambio de condiciones y se extinguieron. Entre tanto, el bisonte sí se adaptó y prosperó.

Al examinar fósiles y huesos, los paleontólogos estudian los animales que vivieron en las Grandes Llanuras.

Jim West/Age Fotostock

Las Grandes Llanuras han experimentado muchas sequías con el paso de los siglos. Las sequías afectan los ecosistemas alrededor de los arroyos y otras fuentes de agua.

Con frecuencia, los peces pueden escapar hacia otras áreas cuando un arroyo empieza a secarse. Sin embargo, los sapos y algunos **crustáceos**, como camarones, cangrejos y langostas no tienen tanta movilidad como los peces, así que para ellos no es tan fácil irse. Si el nivel del agua disminuye demasiado por un largo período, es probable que estas criaturas mueran. Cuando un arroyo se seca, toda la red trófica del arroyo se afecta. Incluso los pájaros y animales más grandes, como los castores y mapaches, podrían verse forzados a abandonar el área.

LA DIFÍCIL SITUACIÓN DEL MEJILLÓN

Los mejillones de agua dulce son miembros importantes de los ecosistemas acuáticos de las Grandes Llanuras. Los mejillones se alimentan por filtración, que significa que ayudan a mantener limpia el agua y son una parte importante de la red trófica. Proveen **proteína** a una variedad de animales, incluyendo peces, ratas, mapaches y aves como la gran garza azul. Cuando se interrumpe una corriente de agua, el lecho de los mejillones se destruye y estos pueden secarse o ser barridos por el agua.

Inundaciones, sequías, diques y excavaciones humanas en busca de gravilla pueden interrumpir la corriente en una vía acuática. Esto causa problemas a los mejillones que viven allí.

CAPÍTULO 2

La llegada de los humanos

Nadie sabe con certeza cuándo llegaron los primeros humanos a las Grandes Llanuras. Los científicos han estudiado los huesos de un camello extinto de la Edad de Hielo y de dos mamuts encontrados en las Grandes Llanuras. La ruptura de los huesos y un pedazo de roca encontrado con los huesos sugieren que los humanos mataron a los animales. La antigüedad de los huesos es de más de 12,000 años.

Los científicos están seguros de que hace 10,000 años, aproximadamente, los primeros indígenas americanos construyeron sus hogares en las Grandes Llanuras. Los primeros residentes eran principalmente **nómadas**. Seguían a los bisontes y a otros animales a través de las praderas para cazarlos. Los indígenas también cosecharon y cultivaron maíz en las Grandes Llanuras. Como necesitaban espacio para cosechar sus vegetales usaron fuego para limpiar los pastos naturales y los arbustos del suelo. Sin embargo, su impacto en su entorno natural no fue significativo.

Los arqueólogos descubrieron estas puntas de lanza en Clovis, Nuevo México. Creen que tienen alrededor de 12,000 años de antigüedad.

A principios del siglo XVI, los exploradores españoles llegaron a las Grandes Llanuras. Viajaban a caballo, buscando ciudades de oro que pensaron que existían. Su primer contacto ocurrió con los wichitas, cerca de lo que hoy es Kansas. Está claro que los indígenas nunca habían visto un caballo. Pero reconocieron el valor de estos animales y quisieron intercambiarlos.

Con los caballos cambiaron sus métodos de cacería. Antes cazaban en equipos a pie. Ahora podían moverse más rápido, viajar más lejos y matar más bisontes.

Un cazador a caballo podía moverse tan rápido como un bisonte.

Los cazadores de pieles europeos llegaron casi cien años después de que los españoles pisaran por primera vez las Grandes Llanuras. Había un gran mercado para quienes cazaban animales por sus pieles. Los sombreros de piel de castor comenzaron la moda de los gorros, guantes y calentadores de piel. En esos días, no existían leyes para proteger los animales. Como resultado, las cifras de algunas especies, como el castor, disminuyeron drásticamente.

Detective del lenguaje El adverbio subrayado es de afirmación. Busca uno de negación en esta página.

Los colonos de Estados Unidos, o pioneros, comenzaron a establecer granjas en las Grandes Llanuras durante el siglo XIX. La Ley de Colonización de 1862 permitía a un colono poseer hasta 160 acres de tierra, donde tenía que vivir por cinco años y mejorarla.

Los colonos araron enormes pastizales para plantar sus cultivos, y esto causó desorden en la ecología local. Las raíces de los pastos habían sido importantes para retener el suelo en su lugar y reducir la erosión. Además, las praderas brindaban un **hábitat** para muchas aves y otros animales.

ACUÍFERO DE OGALLALA

El acuífero de Ogallala es una inmensa provisión de agua que yace bajo las Grandes Llanuras. Esta agua se mantiene entre capas de roca. El acuífero se extiende por aproximadamente 225,000 millas cuadradas (580,000 kilómetros cuadrados).

Sin embargo, las reservas de agua subterránea demoran en acumularse. Dependen del agua que se filtra desde la superficie de la tierra. Actualmente, las personas utilizan agua con más rapidez de lo que le toma al acuífero volver a llenarse. Los científicos creen que el acuífero podría tardar 6,000 años en volverse a llenar naturalmente una vez que se haya secado.

El agua del acuífero de Ogallala irriga casi un quinto de las granjas de trigo, maíz, algodón y ganaderas en Estados Unidos.

Los primeros granjeros labraron la tierra incesantemente. Estaban ansiosos por incrementar la producción de sus cultivos y querían pastorear más ganado. Muchos de los nutrientes naturales del suelo ya se habían perdido antes de 1940.

Los agricultores empezaron a esparcir fertilizantes en la tierra para acelerar el crecimiento de sus cultivos y pastizales y usaron pesticidas, o aerosoles tóxicos, para evitar que los insectos se comieran sus cultivos. Los químicos en los fertilizantes y aerosoles no solo mataban las plagas de insectos. También mataban los insectos benéficos, que eran una parte importante de las redes tróficas de las Grandes Llanuras.

Una serie de terribles sequías golpeó la región entre 1930 y 1939. Los cultivos habían reemplazado la mayor parte del pasto de pradera más resistente. Estos cultivos murieron durante la sequía. No quedó nada que retuviera el suelo en su lugar. Los fuertes vientos levantaban el suelo y lo arrastraban a través del país en espesas nubes de polvo. En mayo de 1934, una tormenta particularmente severa esparció polvo desde Texas hasta la Ciudad de Nueva York. A este período le dicen *Dust Bowl* (cuenco de polvo).

A finales de 1934, se habían perdido cerca de 100 millones de acres de capa vegetal de las tierras de cultivo, y más de tres cuartos del país estaba afectado.

NOAA George E. Marsh Album

Recientemente, algunos agricultores han reconocido que usar más y más fertilizantes y pesticidas causa problemas, así que han estado plantando cultivos de cereales, sorgo y girasoles, entre otros, que han sido **cruzados** con pastos de pradera.

Los pastos de pradera prosperan en las condiciones naturales de las Grandes Llanuras. No necesitan químicos que los ayuden a crecer porque, por miles de años, se han adaptado a las condiciones de su medioambiente.

Estos nuevos cultivos no necesitan muchos fertilizantes ni pesticidas, y son perennes. Esto significa que volverán a crecer después de ser cosechados. Estos cultivos son mejores para los ecosistemas naturales de las Grandes Llanuras. Tienen raíces muy profundas y ayudan a prevenir la erosión.

IMPACTO HUMANO SOBRE LAS GRANDES LLANURAS

FECHA	PERSONAS	ACTIVIDAD	EFECTO
Hace cerca de 10,000 años	Primeros indígenas americanos	• Limpiaron áreas pequeñas para cultivar vegetales • Cazaron bisontes a pie	• Quemaron algunas áreas de vegetación natural • Mataron algunos bisontes
A principios del siglo XVI	Exploradores españoles	• Trajeron caballos	• Mataron muchos más bisontes
Siglos XVI-XIX	Cazadores de pieles europeos	• Cazaron animales por las pieles y los cueros	• Muchas especies animales disminuyeron con rapidez, algunas casi se extinguieron
Siglos XIX-XX	Colonos de Estados Unidos	• Araron extensas áreas de praderas • Pastorearon gran cantidad de ganado • Usaron fertilizantes y aerosoles tóxicos	• Suelo inestable • Nutrientes perdidos • Muerte de insectos, que afectó a otros animales en la red trófica

CAPÍTULO 3

Reconstrucción de los ecosistemas de las Grandes Llanuras

Los conservacionistas están tratando de descifrar cómo ayudar a restablecer las Grandes Llanuras. Muchos creen que necesitamos empezar por los pastos de pradera. Los pastos de pradera soportan muchas redes tróficas complejas de los ecosistemas de las Grandes Llanuras.

Los conservacionistas aún tienen mucho que aprender sobre cómo están vinculados estos ecosistemas a través de las Grandes Llanuras. Fenómenos naturales como los rayos fácilmente pueden iniciar incendios en los pastos secos de la pradera. Hubo un tiempo en que los incendios se veían como algo negativo y las personas solían apagarlos tan rápido como les era posible. Sin embargo, la investigación ha demostrado que, en realidad, los incendios ayudan a la ecología del área en muchas formas. Se mueven con rapidez sobre el terreno quemando solo la superficie del suelo. Ayudan a limpiar los crecimientos viejos, agregan nutrientes al suelo y evitan que las malezas invadan las llanuras. Muchas personas han cambiado su forma de pensar como resultado de las investigaciones sobre los incendios.

En las plantas de las praderas, las raíces son más largas que sus tallos, lo que ayuda a proteger las plantas de los incendios.

EL HURÓN DE PATAS NEGRAS Y EL PERRITO DE LAS PRADERAS

El hurón de patas negras es uno de los animales más amenazados en Estados Unidos. Una de las razones es que su principal fuente de alimento, el perrito de las praderas, ha disminuido drásticamente.

Los perritos de las praderas son un tipo de ardilla. Recorren buena parte de las Grandes Llanuras y juegan un papel importante en la ecología del área. Comen pasto y remueven el suelo a medida que cavan. Esto estimula el crecimiento de los pastos y ayuda a filtrar el agua a través del suelo. Sus madrigueras ayudan a canalizar el agua hacia los acuíferos subterráneos.

Pero muchos granjeros no los quieren. Prefieren que el pasto sea solo para su ganado. Las madrigueras de estos animalitos a veces causan que vacas y caballos y las personas se tropiecen y se lastimen. Por eso, la mayoría de granjeros creen que los perritos de las praderas son una plaga.

Los conservacionistas también están desarrollando proyectos para ayudar a proteger e incrementar las poblaciones de bisontes, hurones de patas negras, perritos de las praderas y lobos, que en su momento recorrían libremente las Grandes Llanuras. Restaurar una población animal puede ser un reto. Primero, necesitan asegurarse de que las reservas de alimento disponibles para la especie sean apropiadas.

Aunque en 1987 los conservacionistas capturaron 18 hurones de patas negras e iniciaron un programa de recuperación, es probable que el hurón no sobreviva, a menos que también se salve al perrito de las praderas (abajo).

Los conservacionistas también están aprendiendo sobre el papel del bisonte en el sistema ecológico de la pradera. Los bisontes ayudan a mantenerla saludable. Esparcen las semillas, fertilizan el suelo y mantienen el pasto corto mientras comen. Esto beneficia a los perritos de la pradera porque estos roedores solo comen hierba corta.

Los científicos creen que al menos 30 millones de bisontes pastaron alguna vez las Grandes Llanuras. Hoy en día solo hay unas cuantas manadas salvajes pequeñas, las más grandes se encuentran en el Parque Nacional de Yellowstone y en el Parque Nacional de Wood Buffalo en Canadá.

Algunos conservacionistas quieren repoblar las Grandes Llanuras con bisontes. Sin embargo, enfrentan obstáculos. En el pasado, algunos bisontes se cruzaron con ganado doméstico. Ahora puede ser difícil identificar el bisonte de raza pura.

Además, a algunos granjeros les preocupa que los bisontes porten alguna enfermedad que pueda afectar a su ganado. Los conservacionistas necesitarán convencer a estos granjeros de apoyar sus planes para restablecer el bisonte en las Grandes Llanuras.

Hoy en día, hay aproximadamente 500,000 bisontes en América del Norte, muchos viven en parques nacionales o áreas de reserva natural.

Conclusión

Las Grandes Llanuras se formaron lentamente hace decenas de millones de años. Los movimientos en el fondo de la Tierra empujaron hacia arriba el suelo y obligaron a los mares a desaparecer. El clima también contribuyó a este proceso. Ahora las Grandes Llanuras son el hogar de una amplia variedad de ecosistemas **interconectados**.

Muchos ecosistemas de las Grandes Llanuras han cambiado con el tiempo. El cambio climático, las sequías, los incendios, las tormentas y la actividad humana han dejado su marca en ellas.

Muchas especies animales que hicieron sus hogares en las Grandes Llanuras han enfrentado presiones sobre sus hábitats naturales o sus fuentes de alimentación. Algunos de estos animales están extintos. Otros están al borde de la extinción.

Incluso las plantas de las Grandes Llanuras, como los pastos de pradera, han enfrentado desafíos. Algunas personas dicen que solo podemos proteger las Grandes Llanuras restaurando primero los pastizales. Al fin y al cabo, el pasto de pradera es el fundamento de múltiples y complejas redes tróficas de las Grandes Llanuras.

Sin embargo, restaurar la ecología de las Grandes Llanuras es una tarea complicada. Todos los ecosistemas están estrechamente conectados. Esto dificulta saber cuál especie de animal o de planta específica debería restaurarse primero.

Necesitamos realizar más investigaciones que nos ayuden a entender mejor la biodiversidad de las Grandes Llanuras. Una mayor comprensión asegurará que seamos más cuidadosos sobre cómo ayudamos a esta importante región. Hay que animar a los habitantes de las Grandes Llanuras para que se involucren y aprendan acerca de los problemas ecológicos del área, de manera que comprendan la importancia de proteger el medioambiente tan especial donde viven.

Detective del lenguaje

La palabra subrayada es un adverbio de modo. Busca otro adverbio de modo en la página 16.

Respuesta a la lectura

Resumir

Usa los detalles más importantes de *Las Grandes Llanuras* para resumir el texto. Usa el organizador gráfico como ayuda.

Detalles	Punto de vista del autor

Evidencia en el texto

1. ¿Qué características de *Las Grandes Llanuras* te ayudan a identificarlo como un texto expositivo? **GÉNERO**

2. ¿Cuál es el punto de vista del autor sobre las Grandes Llanuras? ¿Qué evidencia en el texto apoya esta posición? **PUNTO DE VISTA DEL AUTOR**

3. La palabra *tóxicos* en la página 11 contiene la raíz *tox-*, que significa “veneno”. Usa la raíz de la palabra y las claves de contexto para definir la palabra *tóxicos*. **RAÍCES DE PALABRAS**

4. En el capítulo 2, ¿cuál es el punto de vista del autor acerca del impacto humano en las Grandes Llanuras? Escribe acerca de cómo los detalles del texto comunican este punto de vista. **ESCRIBIR SOBRE LA LECTURA**

Género Artículo persuasivo

Compara los textos

Lee acerca del regreso de los lobos a las Grandes Llanuras.

Salvemos los lobos de las Grandes Llanuras

En una época el hermoso lobo de las Grandes Llanuras vagaba a lo largo y ancho de la región que lleva el mismo nombre. Pero muchos granjeros y cazadores no gustaban de estas extraordinarias criaturas. Los granjeros decían que atacaban sus reses y los cazadores decían que los lobos competían con ellos por los ciervos y alces que preferían cazar. Tanto granjeros como cazadores afirmaban que los lobos eran plagas. Se decidió cazarlos y envenenarlos para deshacerse de ellos. Los lobos estaban indefensos en contra de los ataques inesperados, y en poco tiempo habían sido cazados y muertos hasta estar casi extintos.

Los científicos han observado cuidadosamente a los lobos y han hecho algunos descubrimientos asombrosos. Por muchas razones es importante que actuemos para salvar el lobo de las Grandes Llanuras.

Alguna vez el lobo de las Grandes Llanuras recorrió Estados Unidos y el sur de Canadá.

Primero, los lobos de las Grandes Llanuras, también conocidos como lobos búfalo, son importantes en los ecosistemas de las Grandes Llanuras. Los científicos han descubierto que las manadas de ciervos y alces crecen demasiado cuando no hay lobos que las cacen. Entonces no hay comida suficiente para que las enormes manadas se alimenten. Los lobos mantienen la población de ciervos y alces en tamaños manejables.

Cuando no hay lobos, las manadas de ciervos y alces permanecen en un lugar durante el invierno en vez de desplazarse. Pastan en los mismos árboles hasta comerse todas sus ramas y hojas más tiernas, y no los dejan crecer.

Los lobos hacen que los ciervos y los alces se muevan, lo que le permite a los árboles crecer y ayudar al ecosistema. Los pájaros e insectos viven en los árboles. Los pájaros se alimentan de insectos. Los castores construyen sus diques con ramas de árbol. El movimiento regular de ciervos y alces es benéfico para todos.

Más lobos

Otras partes de Estados Unidos han sido repobladas con lobos. El norte de las montañas Rocosas fue repoblado con éxito en el área de Yellowstone en 1995.

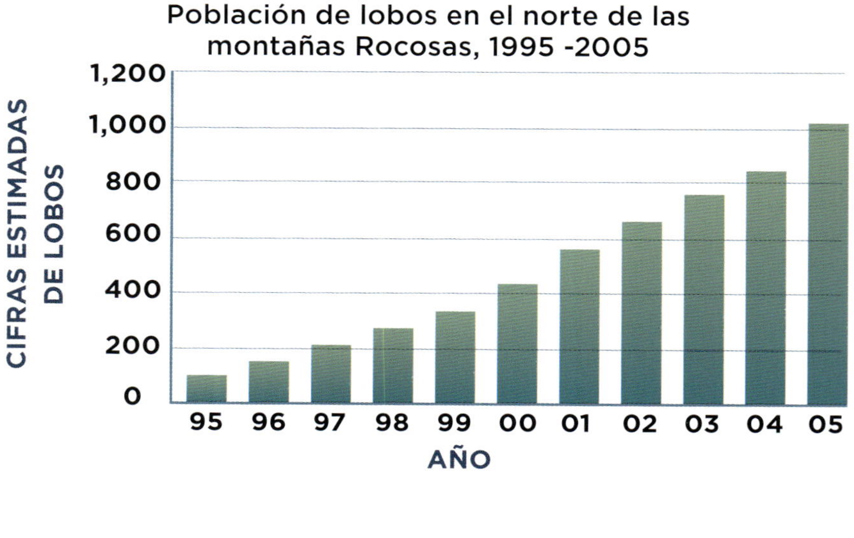

Segundo, los lobos podrían no ser un problema para los granjeros. Los científicos han descubierto que los lobos eligen animales débiles o enfermos cuando cazan. Si los ganaderos cuidan sus reses, los lobos no las cazarán. De hecho, hay personas que han visto lobos atravesar una manada de reses sin tocar una sola, ¡para ir a cazar un ciervo que está al otro lado del potrero!

Tercero, los lobos podrían ayudar a las personas a ganar dinero. Estas increíbles criaturas son una gran atracción turística, y los turistas pagarían para ver los lobos de las Grandes Llanuras en su hábitat natural.

Los humanos prácticamente acabaron con los lobos de las Grandes Llanuras. Eso puso en riesgo a otras plantas y animales de los ecosistemas de la región. Ahora entendemos la importancia de salvar los lobos. ¡Salvarlos ayudará a salvar las Grandes Llanuras!

Los granjeros pueden ayudar a salvar los lobos de las Grandes Llanuras si cuidan bien su ganado.

Haz conexiones

¿Qué han aprendido los científicos acerca del papel de los lobos en las Grandes Llanuras? **PREGUNTA ESENCIAL**

¿Qué tienen en común los lobos y los perritos de las praderas? ¿Cuál es la importancia de ambos para las Grandes Llanuras? **EL TEXTO Y OTROS TEXTOS**

Glosario

biodiversidad amplia variedad de plantas y animales en un área ***(página 5)***

conservacionista persona que quiere proteger las cosas, especialmente la naturaleza de un entorno, como animales y plantas ***(página 3)***

cruzado que ha nacido del cruce de dos razas de animales o de plantas ***(página 12)***

crustáceo animal que vive principalmente en el agua y tiene un caparazón duro, dos antenas y no tiene columna vertebral. Por ejemplo, langostas, cangrejos, camarones y percebes (***página 7***)

ecología área de la ciencia que estudia cómo los seres vivos se relacionan con su entorno ***(página 3)***

especie grupo de plantas o animales que comparten las mismas características, vienen de la misma familia y son capaces de tener crías juntos *(**página 2**)*

extinto describe una planta o animal que ya no existe en la Tierra ***(página 5)***

hábitat ambiente natural de un ser vivo ***(página 10)***

interconectado unido o relacionado de alguna manera *(**página 16**)*

nómada que se mueve de un lugar a otro ***(página 8)***

proteína alimento enriquecido que se encuentra en plantas y animales, y es parte necesaria de la dieta de todo animal ***(página 7)***

Índice

Enfoque: Ciencias

Propósito Entender el impacto en el medioambiente cuando un animal se extingue

Procedimiento

Paso 1 Con un compañero o una compañera, o en grupo, elige un animal de las Grandes Llanuras del que te gustaría aprender más.

Paso 2 Investiga el animal. Identifica su papel en el ecosistema. Reflexiona acerca de qué pasaría si el animal se extingue. ¿Cuál sería el efecto en la red trófica? ¿Cuál sería el efecto en el entorno en el que vive?

Paso 3 Haz una lista de argumentos a favor y en contra de la protección de tu animal. Deberás ser capaz de convencer a tus compañeros de lo importante que es tu animal. Para poder defenderlo, también necesitarás saber por qué alguien diría que tu animal no merece salvarse.

Paso 4 Participa en un debate en el que cada pareja o grupo argumente a favor de su animal. Al terminar, vota por el animal que se debe proteger.

Conclusión ¿Cuáles son las clases de animales cuya protección es la más fácil de apoyar? ¿Es posible para los humanos vivir en armonía con el animal que investigaste? ¿Por qué?